Impressum
Verlag: BABADADA GmbH, Nedderfeld 112 , 22529 Hamburg
Geschäftsführer / Verlagsleitung: Harald Hof
Druck: Books on Demand GmbH, In de Tarpen 42, 22848 Norderstedt

Imprint
Publisher: BABADADA GmbH, Nedderfeld 112 , 22529 Hamburg, Germany
Managing Director / Publishing direction: Harald Hof
Print: Books on Demand GmbH, In de Tarpen 42, 22848 Norderstedt, Germany

学校

училище

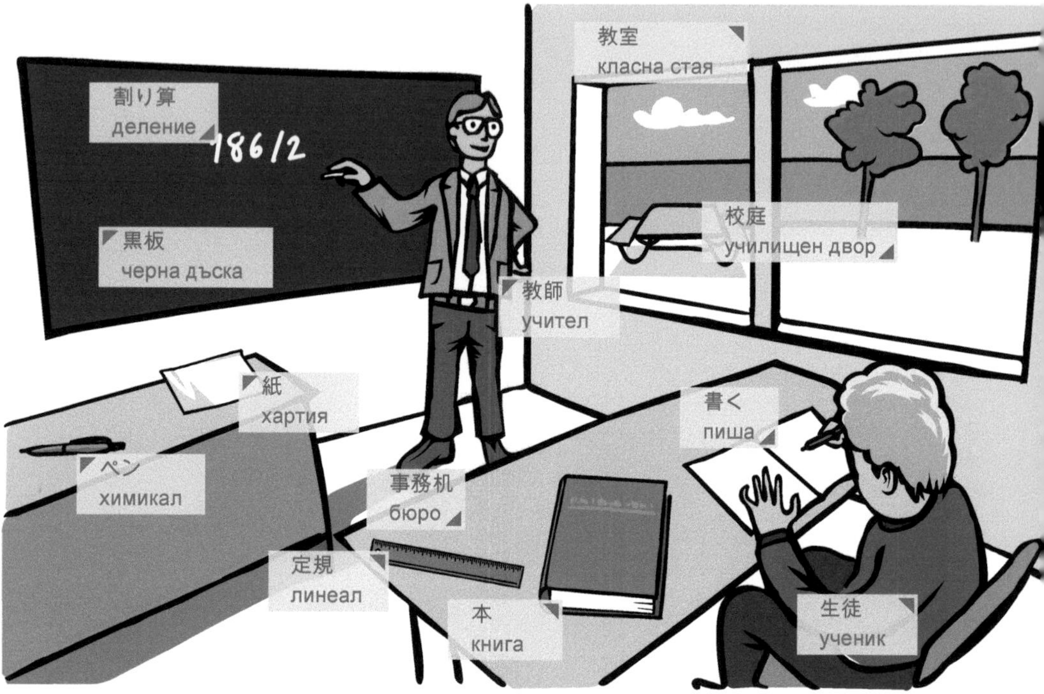
教室
класна стая
割り算
деление
186/2
黒板
черна дъска
校庭
училищен двор
教師
учител
紙
хартия
書く
пиша
ペン
химикал
事務机
бюро
定規
линеал
本
книга
生徒
ученик

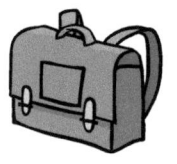

ランドセル

ученическа раница

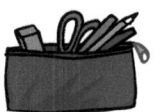

筆入れ

ученически несесер

鉛筆

молив

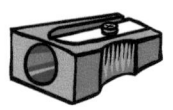

鉛筆削り

острилка за моливи

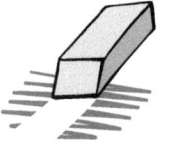

消しゴム

гума

スケッチブック

блок за рисуване

スケッチ

рисунка

絵筆

четка

絵の具箱

акварелни бои

はさみ

ножица

接着剤

лепило

練習帳

тетрадка за упражнения

宿題

домашна работа

12

数

число

2+2

足し算

събиране

5-2

引き算

изваждане

2×2

かけ算

умножение

計算する

смятане

A

文字

буква

ABCDEFG
HIJKLMN
OPQRSTU
VWXYZ

アルファベット

азбука

hello

単語

дума

テキスト

текст

読む

чета

チョーク

тебешир

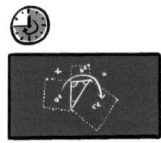

授業

час

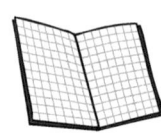

学級日誌

дневник на класа

試験

изпит

通知表

свидетелство

制服

ученическа униформа

教育

образование

百科事典

справочник

大学

университет

顕微鏡

микроскоп

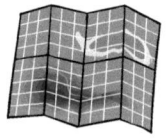

地図

карта

ごみ箱

кошче за хартиени
отпадъци

旅行

пътуване

ホテル
хотел
Grand
ホステル
хостел
ROOMS
両替所
обменно бюро
CHANGE
スーツケース
куфар
自動車
кола

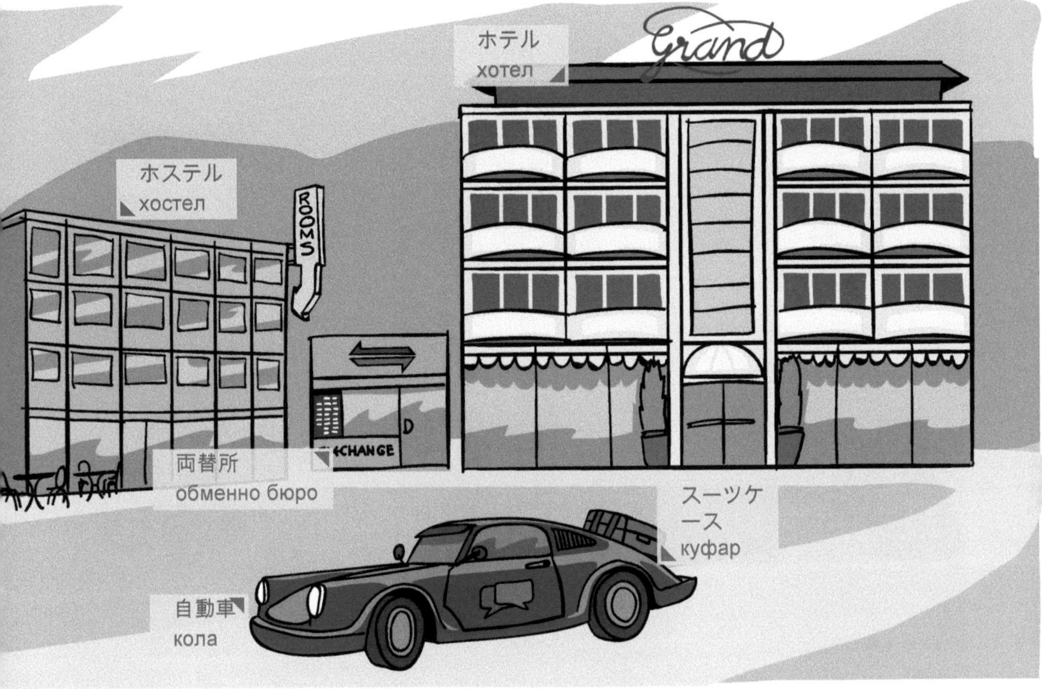

言語
език

はい / いいえ
да / не

問題ない
Окей

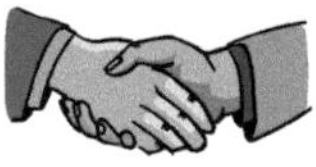

ハロー
здравей

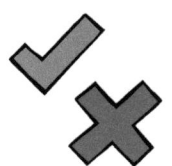

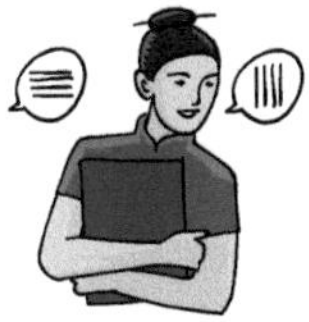

翻訳者
преводач

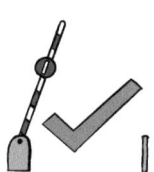

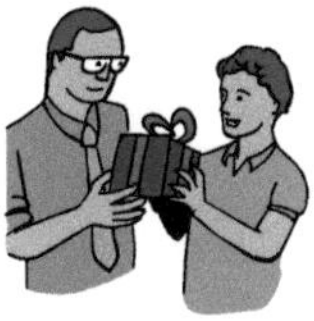

ありがとう
Благодаря

…はいくらですか？

Колко струва…?

わかりません

Не разбирам

問題

проблем

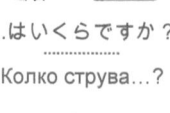

こんばんは！

Добър вечер!

おはようございます！

Добро утро!

おやすみなさい！

Лека нощ!

さようなら

довиждане

方向

посока

手荷物

багаж

バッグ

пътна чанта

リュックサック

раница

お客様

посетител

部屋

стая

寝袋

спален чувал

テント

палатка

旅行者情報

ристическа информация

ビーチ

плаж

クレジットカード

кредитна карта

朝食

закуска

昼食

обед

夕食

вечеря

チケット

билет

エレベーター

асансьор

スタンプ

пощенска марка

境界

граница

税関

митница

大使館

посолство

ビザ

виза

パスポート

паспорт

輸送

транспорт

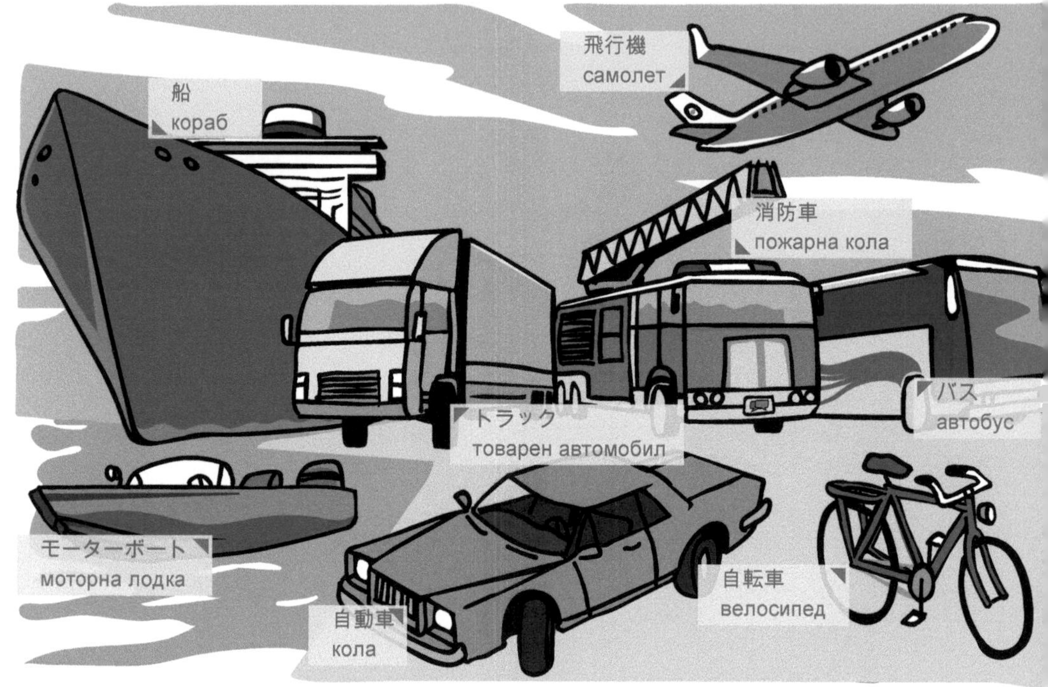

飛行機
самолет
船
кораб
消防車
пожарна кола
バス
автобус
トラック
товарен автомобил
モーターボート
моторна лодка
自動車
кола
自転車
велосипед

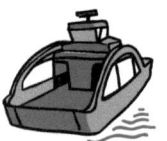

フェリー

ферибот

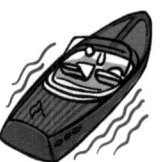

ボート

лодка

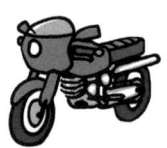

バイク

мотоциклет

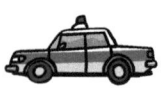

パトカー

полицейска кола

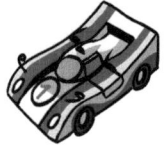

レーシングカー

състезателна кола

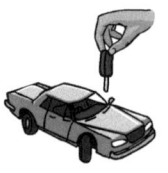

レンタカー

кола под наем

カーシェアリング

каршеринг

レッカー車

автомобил от "Пътна помощ"

ごみ収集車

сметовоз

モーター

двигател

燃料

бензин

ガソリンスタンド

бензиностанция

交通標識

пътен знак

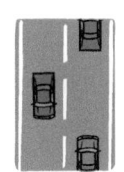

交通

улично движение

渋滞

задръстване

駐車場

паркинг

駅

гара

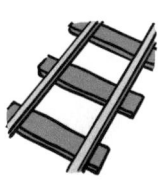

道

релси

列車

влак

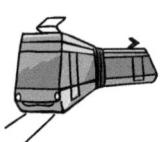

路面電車

трамвай

車両

вагон

ヘリコプター

хеликоптер

空港

аерогара

タワー

кула

乗客

пасажер

コンテナ

контейнер

段ボール箱

кашон

カート

ръчна количка

カゴ

кошница

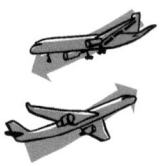

離陸 / 着陸

излитам / приземявам се

都市

град

村

село

都心

градски център

家

къща

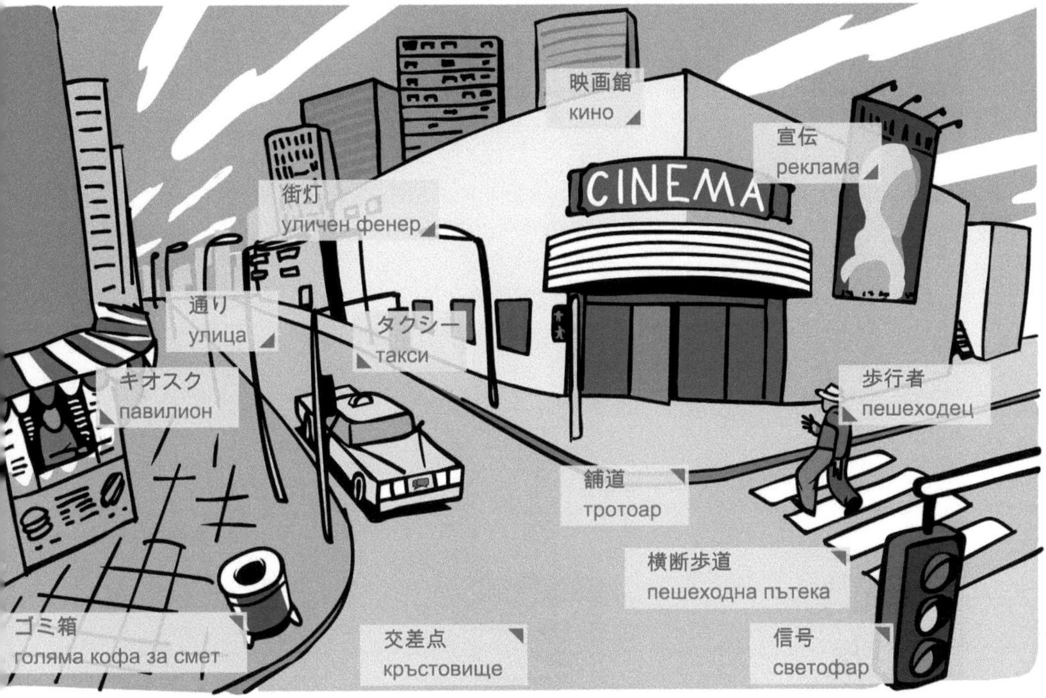

映画館
кино

宣伝
реклама

街灯
уличен фенер

通り
улица

タクシー
такси

キオスク
павилион

歩行者
пешеходец

舗道
тротоар

横断歩道
пешеходна пътека

ゴミ箱
голяма кофа за смет

交差点
кръстовище

信号
светофар

小屋
хижа

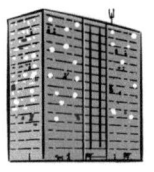

アパート
жилище

駅
гара

市役所
кметство

美術館
музей

学校
училище

都市 - град

大学

университет

銀行

банка

病院

болница

ホテル

хотел

薬局

аптека

オフィス

офис

書店

книжарница

ショップ

магазин за цветя

花屋

магазин за цветя

スーパーマーケット

супермаркет

市場

пазар

デパート

универсален магазин

魚屋

търговец на риба

ショッピングセンター

търговски център

港

пристанище

公園

парк

ベンチ

пейка

橋

мост

階段

стълба

地下鉄

метро

トンネル

тунел

バス停

автобусна спирка

バー

бар

レストラン

ресторант

ポスト

пощенска кутия

道路標識

улична табелка

パーキングメーター

часовник за паркинг
престой

動物園

зоологическа градина

スイミングプール

плувен басейн

モスク

джамия

都市 - град

農場

селски двор

汚染

замърсяване на околната среда

墓地

гробище

教会

църква

遊び場

детска площадка

寺

храм

風景

пейзаж

葉
листо

道標
пътепоказател

道
път

草地
ливада

石
камък

木
дърво

ハイカー
пътешественик

川
река

草
трева

花
цвете

谷
долина

山
планина

湖
море

森
гора

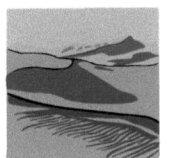

砂漠
пустиня

火山
вулкан

城
замък

虹
дъга

キノコ
гъба

ヤシの木
палма

蚊
комар

ハエ
муха

蟻
мравка

ミツバチ
пчела

クモ
паяк

カブトムシ

бръмбар

蛙

жаба

リス

катеричка

ハリネズミ

таралеж

ウサギ

заек

フクロウ

кукумявка

鳥

птица

白鳥

лебед

雄豚

диво прасе

鹿

елен

ヘラジカ

лос

ダム

бент

風力タービン

вятърна турбина

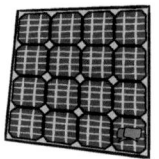

ソーラーパネル

соларен модул

気候

климат

レストラン

ресторант

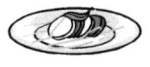

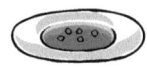

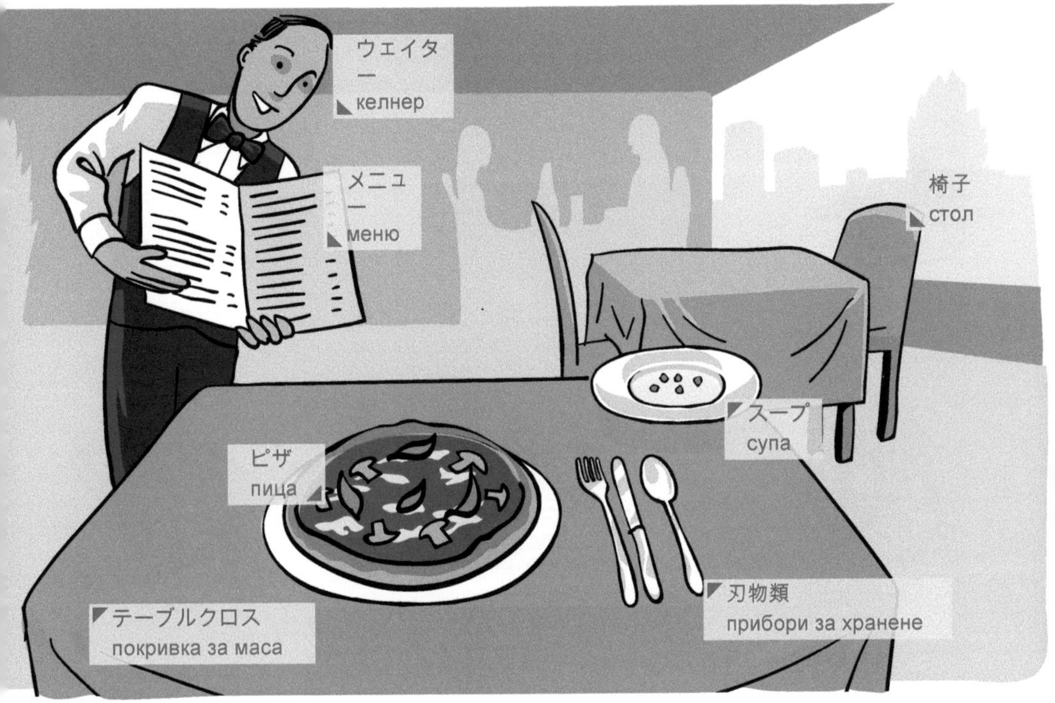

ウェイター
келнер
メニュー
меню
椅子
стол
スープ
супа
ピザ
пица
刃物類
прибори за хранене
テーブルクロス
покривка за маса

前菜

предястие

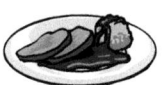

メインコース

основно ястие

デザート

десерт

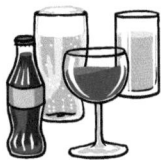

飲み物

напитки

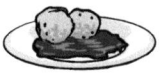

食べ物

ядене

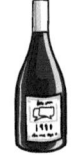

ボトル

бутилка

ファストフード

бързо хранене

屋台の食べ物

улична храна

ティーポット

кана за чай

砂糖入れ

кутия за захар

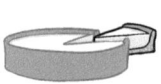

一人前

порция

エスプレッソマシン

еспресо машина

幼児用食事椅子

висок детски стол

請求書

сметка

トレー

табла

ナイフ

ножица за нокти

フォーク

вилица

スプーン

лъжица

ティースプーン

чаена лъжичка

ナプキン

салфетка

グラス

стъклена чаша

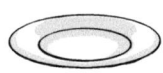

皿

チиния

スープ皿

чиния за супа

受け皿

чинийка

ソース

сос

塩入れ

солница

ペッパーミル

мелничка за черен пипер

酢

оцет

油

олио

スパイス

подправки

ケチャップ

кетчуп

マスタード

горчица

マヨネーズ

майонеза

スーパーマーケット

супермаркет

特価品
оферта
FOR
顧客
клиент
乳製品
млечни продукти
果物
плодове
ショッピング・カート
количка за покупки

BUTCHERS

肉屋

кланица

BAKERY

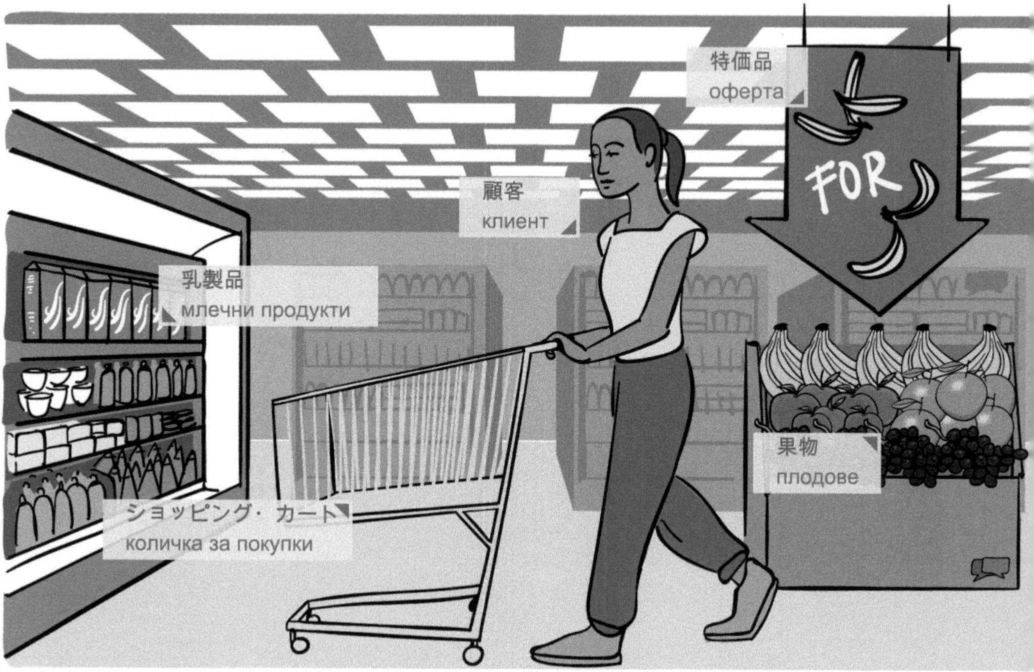

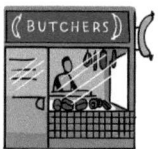

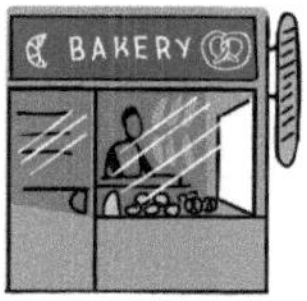

パン屋

хлебарница

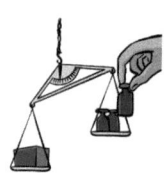

重さをはかる

тегля

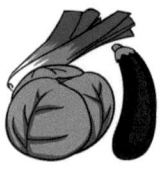

野菜

зеленчуци

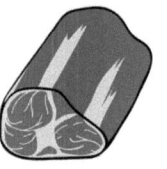

肉

месо

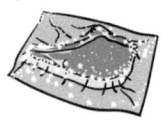

冷凍食品

дълбоко замразена храна

冷肉の薄切り

нарязан колбас или
сирене

缶詰食品

консерви

洗剤

перилен препарат

菓子

лакомства

家庭用品

домакински изделия

清掃用品

почистващи препарати

販売員

продавачка

現金箱

каса

レジ係

касиер

買い物リスト

списък на покупките

開館時刻

работно време

財布

портфейл

クレジットカード

кредитна карта

バッグ

чанта

ポリ袋

пластмасова торба

水

вода

ジュース

сок

牛乳

мляко

コーラ

кола

ワイン

вино

ビール

бира

アルコール

алкохол

ココア

какао

紅茶

чай

コーヒー

кафе машина

エスプレッソ

еспресо

カプチーノ

капучино

バナナ

банан

リンゴ

ябълка

オレンジ

портокал

メロン

пъпеш

レモン

лимон

ニンジン

морков

ニンニク

чесън

竹

бамбук

玉ねぎ

лук

キノコ

гъба

ナッツ

ядки

ヌードル

макарони

スパゲッティ

спагети

米

ориз

サラダ

салата

フライドポテト

пържени картофи

フライドポテト

печени картофи

ピザ

пица

ハンバーガー

хамбургер

サンドウィッチ

сандвич

カツレツ

шницел

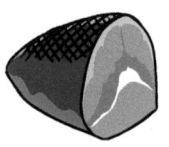

ハム

шунка

サラミ

траен колбас

ソーセージ

салам

鶏肉

пиле

焼き

печено

魚

риба

麦のお粥

овесени ядки

ムーズリ

мюсли

コーンフレーク

корнфлейкс

小麦粉

брашно

クロワッサン

кроасан

ロールパン

хлебчета

パン

хляб

トースト

препечена филийка

ビスケット

бисквити

バター

масло

カッテージチーズ

извара

ケーキ

сладкиш

卵

яйце

目玉焼き

яйца на очи

チーズ

сирене

アイスクリーム

сладолед

砂糖

захар

はちみつ

мед

ジャム

мармалад

ヌガークリーム

нуга крем

カレー

къри

食べ物 - ядене

農場

селски двор

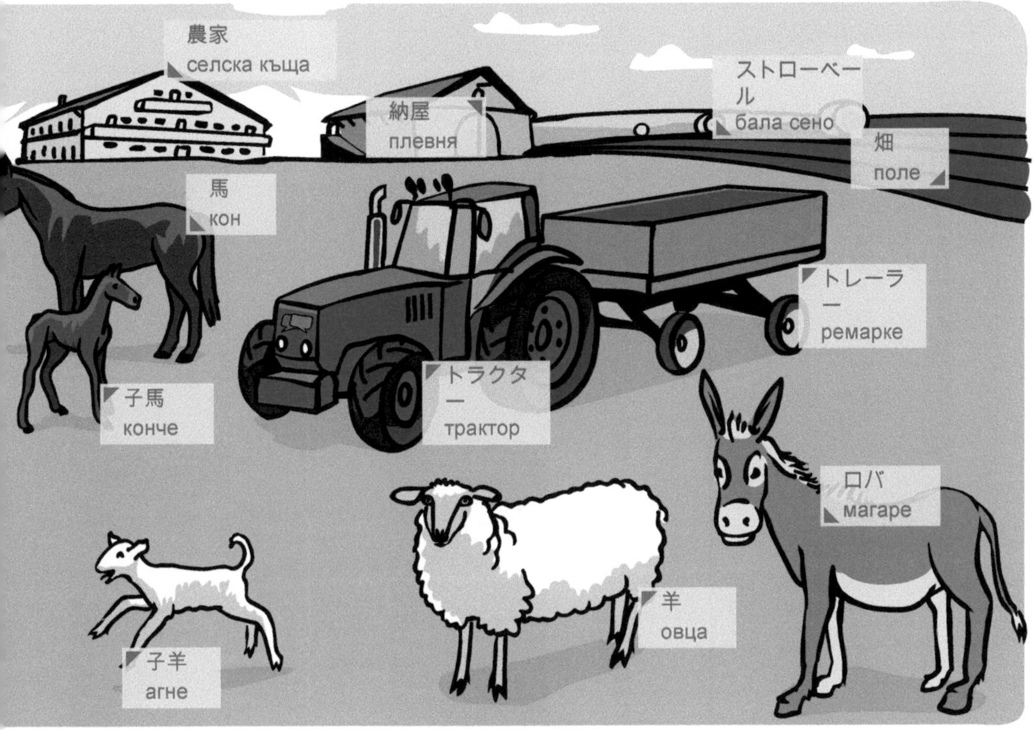

農家
селска къща
納屋
плевня
ストローベール
бала сено
畑
поле
馬
кон
トレーラー
ремарке
子馬
конче
トラクター
трактор
ロバ
магаре
羊
овца
子羊
агне

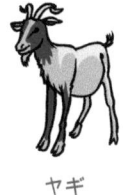

ヤギ

коза

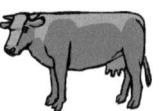

雌牛

крава

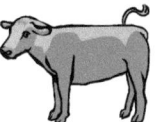

子牛

теле

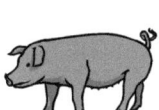

豚

свиня

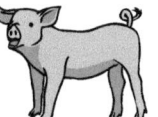

子豚

прасенце

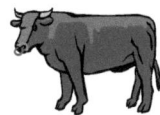

雄牛

бик

ガチョウ

гъска

アヒル

патица

ひよこ

пиленце

にわとり

кокошка

おんどり

петел

ネズミ

плъх

猫

котка

ねずみ

мишка

雄牛

вол

犬

куче

犬小屋

кучешка колиба

散水ホース

градински маркуч

じょうろ

лейка

大鎌

коса

すき

плуг

草刈り鎌

сърп

くわ

мотика

堆肥用フォーク

вила за тор

斧

брадва

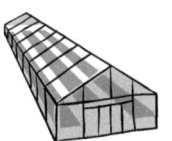

手押し車

ръчна количка

かいばおけ

корито

牛乳缶

съд за мляко

袋

чувал

フェンス

ограда

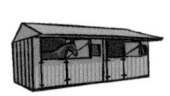

畜舎

обор

温室

парник

土壌

земя

種

сеитба

肥料

тор

コンバイン

комбайн

収穫する

жъна

収穫

реколта

ヤマイモ

ямс

小麦

жито

大豆

соя

じゃがいも

картоф

トウモロコシ

царевица

菜種

рапица

果樹

овощно дърво

キャッサバ

маниока

穀物

зърнени храни

家

къща

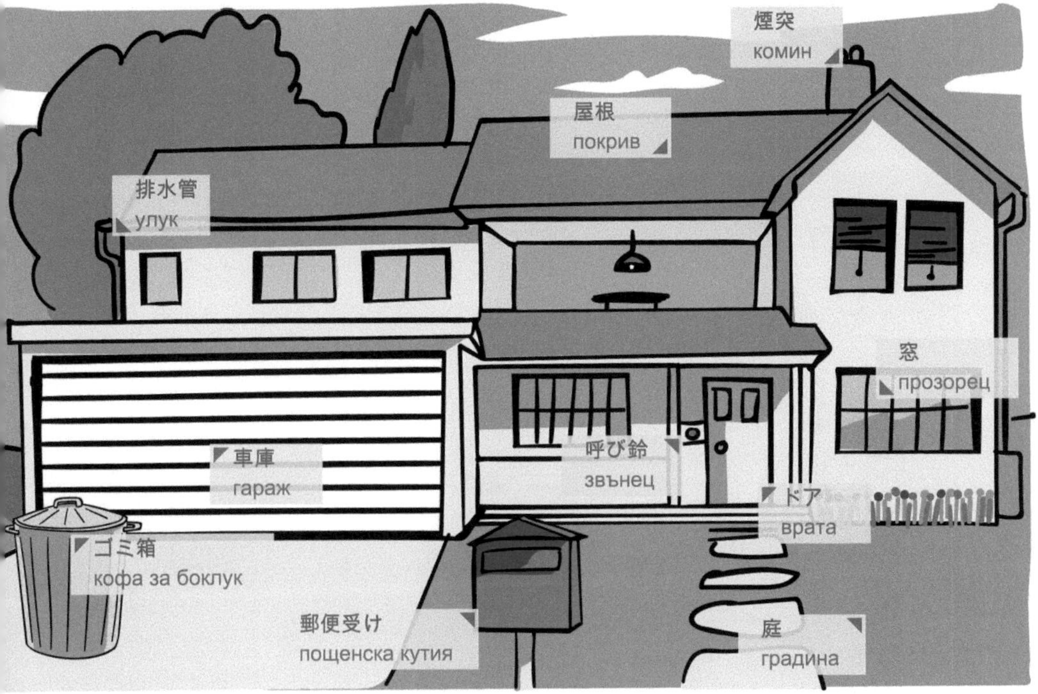
煙突
комин
屋根
покрив
排水管
улук
窓
прозорец
車庫
гараж
呼び鈴
звънец
ドア
врата
ゴミ箱
кофа за боклук
郵便受け
пощенска кутия
庭
градина

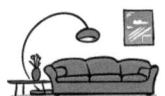

リビングルーム

всекидневна

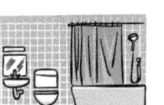

浴室

баня

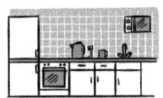

台所

кухня

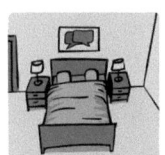

寝室

спалня

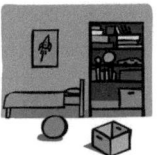

子供部屋

детска стая

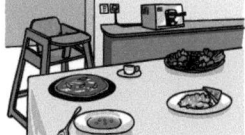

ダイニング・ルーム

трапезария

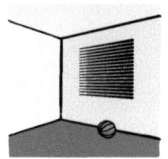

床
под

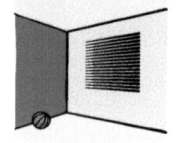

壁
стена

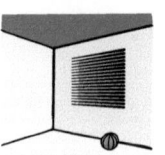

天井
таван

地下貯蔵庫
изба

サウナ
сауна

バルコニー
балкон

テラス
тераса

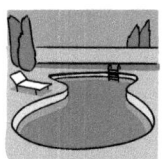

プール
плувен басейн

芝刈り機
косачка

シーツ
спално бельо

ベッドカバー
покривка за легло

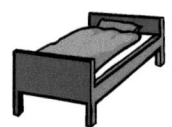

ベッド
легло

ほうき
метла

バケツ
кофа

スイッチ
електрически ключ

リビングルーム
всекидневна

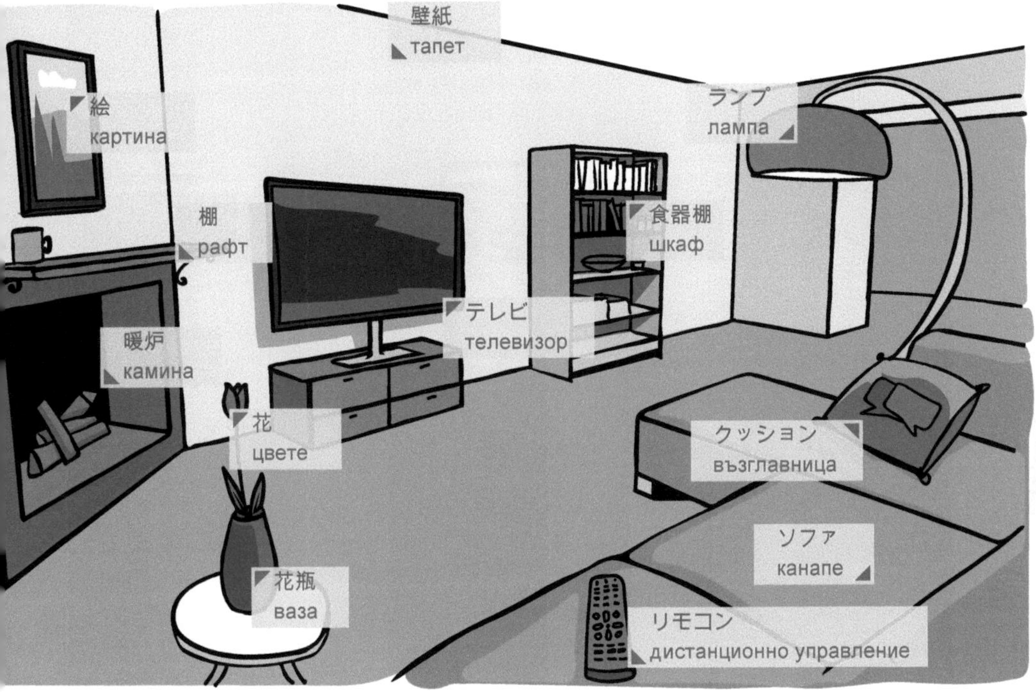

壁紙
тапет
絵
картина
ランプ
лампа
棚
рафт
食器棚
шкаф
テレビ
телевизор
暖炉
камина
花
цвете
クッション
възглавница
ソファ
канапе
花瓶
ваза
リモコン
дистанционно управление

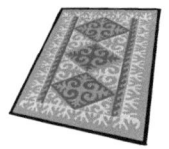

カーペット
килим

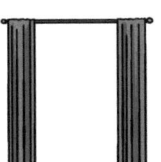

カーテン
завеса

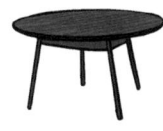

テーブル
маса

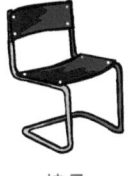

椅子
стол

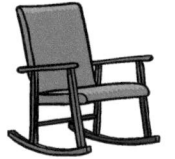

ロッキングチェア
люлеещ се стол

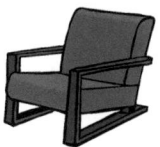

ひじ掛け椅子
кресло

本
книга

毛布
одеяло

飾り
декорация

たきぎ
дърва за отопление

映画
филм

ステレオ
стерео уредба

鍵
ключ

新聞
вестник

絵画
живопис

ポスター
постер

ラジオ
радио

メモ帳
бележник

掃除機
прахосмукачка

サボテン
кактус

ろうそく
свещ

台所

кухня

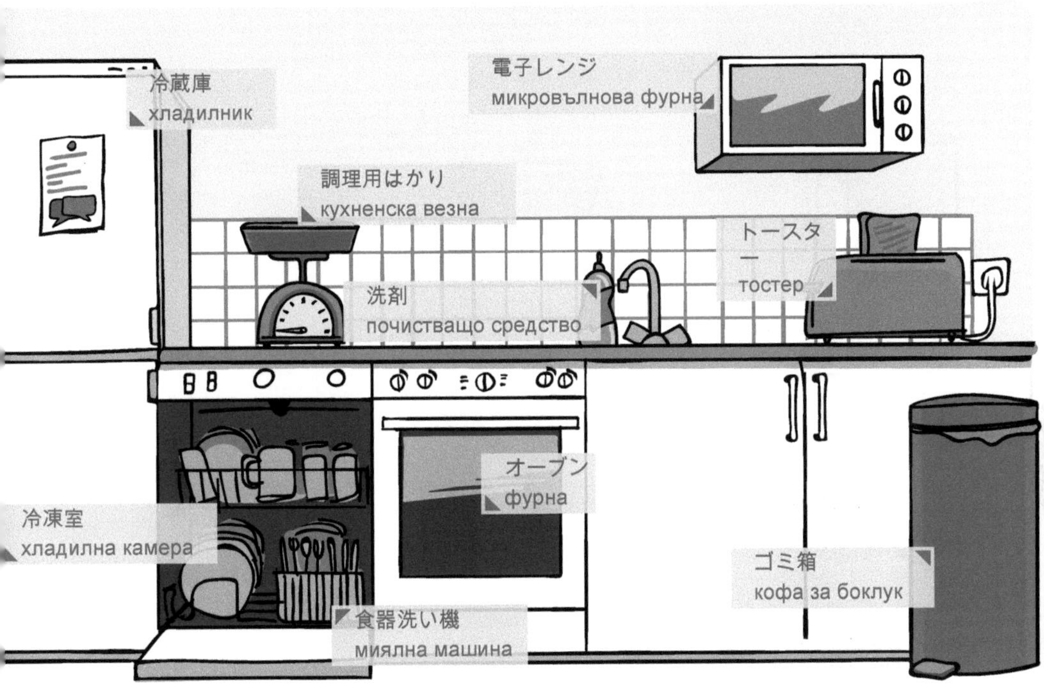

電子レンジ
микровълнова фурна
冷蔵庫
хладилник
調理用はかり
кухненска везна
トースター
тостер
洗剤
почистващо средство
オーブン
фурна
冷凍室
хладилна камера
ゴミ箱
кофа за боклук
食器洗い機
миялна машина

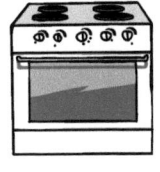

こんろ

готварска печка

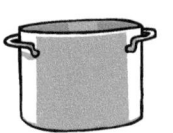

鍋

тенджера

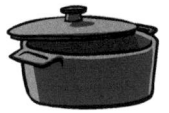

鉄鍋

желязна тенджера

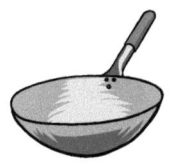

中華鍋/ カダイ鍋

уок / кадаи

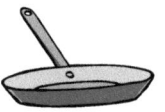

フライパン

тиган

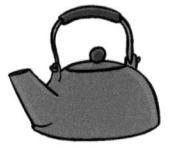

やかん

кана за затопляне на вода

蒸し器

уред за готвене на пара

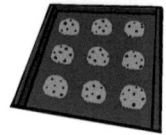

天板

тава за печене

食器

съдове

マグカップ

чаша

ボウル

купа

箸

клечки за хранене

おたま

черпак

へら

лопатка за тиган

泡立て器

тел за разбиване (на яйца, белтъци)

こし器

кошница за варене

ふるい

гевгир

すりおろし器

ренде

すり鉢

хаван

バーベキュー

барбекю

かまど

огнище

まな板
....
дъска

麺棒
....
точилка

栓抜き
....
тирбушон

缶
....
кутия

缶切り
....
отварачка за консерви

鍋つかみ
....
кухненска ръкохватка

流し
....
мивка

ブラシ
....
четка

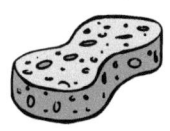

スポンジ
....
гъба

ミキサー
....
миксер

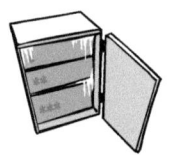

冷凍庫
....
фризер

哺乳瓶
....
бебешко шише

蛇口
....
воден кран

ヒーター
отопление

シャワー
душ

タオル
хавлиена кърпа

シャワーカーテン
завеса за баня

泡風呂
шампоан за вана

浴槽
вана

洗濯機
перална машина

グラス
стъклена чаша

タイル
плочки

蛇口
воден кран

おまる
гърне

流し
мивка

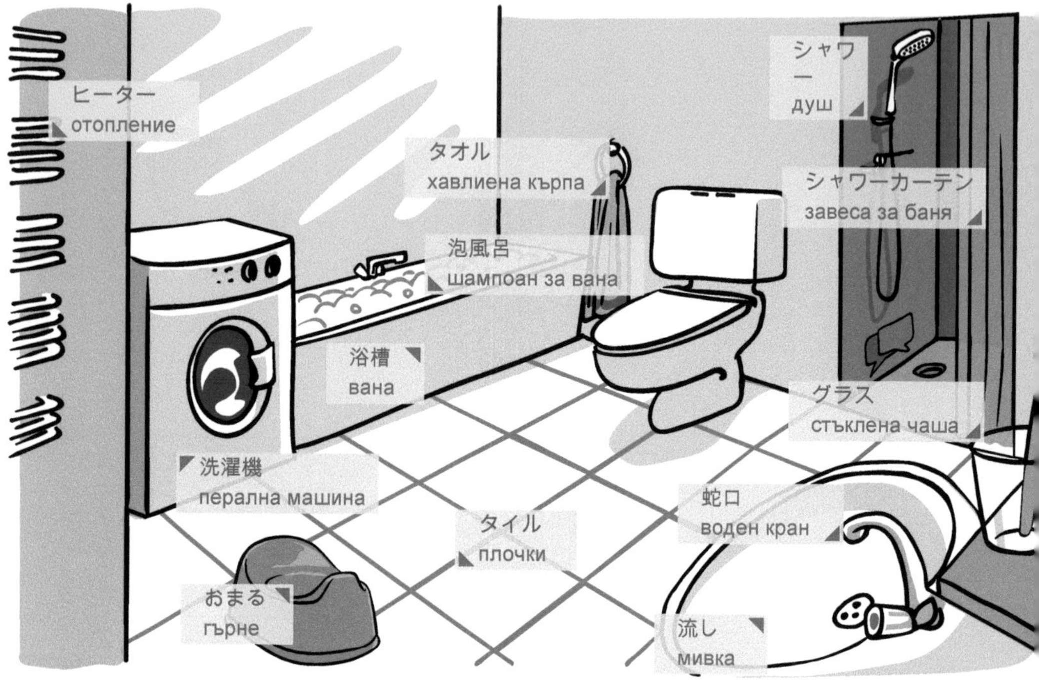

トイレ
тоалетна

和式トイレ
клекало

ビデ
биде

小便器
писоар

トイレットペーパー
тоалетна хартия

トイレブラシ
четка за тоалетна

歯ブラシ

четка за зъби

歯みがき

паста за зъби

デンタルフロス

конец за зъби

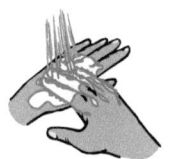

洗う

мия

シャワーヘッド

ръчен душ

ハンドビデ

интимен душ

洗面台

леген

ボディブラシ

четка за гръб

石鹸

сапун

シャワー用ジェル

душ гел

シャンプー

шампоан за вана

浴用タオル

гъба за баня

排水口

сифон

クリーム

крем

消臭

дезодорант

浴室 - баня

鏡

огледало

手鏡

козметично огледало

かみそり

ръчна самобръсначка

シェービング・フォーム

пяна за бръснене

アフターシェーブローショ

одеколон за след
бръснене

櫛

гребен

ブラシ

четка

ドライヤー

сешоар

ヘアスプレー

спрей за коса

化粧

грим

口紅

червило

マニキュア

лак за нокти

脱脂綿

памук

爪切り

ножица за нокти

香水

парфюм

洗面用具入れ

トоалетна чантичка

スツール

табуретка

体重計

везна

バスローブ

хавлия

ゴム手袋

домакински ръкавици

タンポン

тампон

生理用ナプキン

дамски превръзки

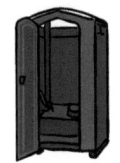

ケミカルトイレ

химическа тоалетна

子供部屋

детска стая

目覚まし時
計
будилник
ぬいぐるみ
плюшена играчка
おもちゃの自動車
автомобил играчка
がらがら
дрънкалка
ドール・ハウス
къща за кукли
プレゼン
ト
подарък

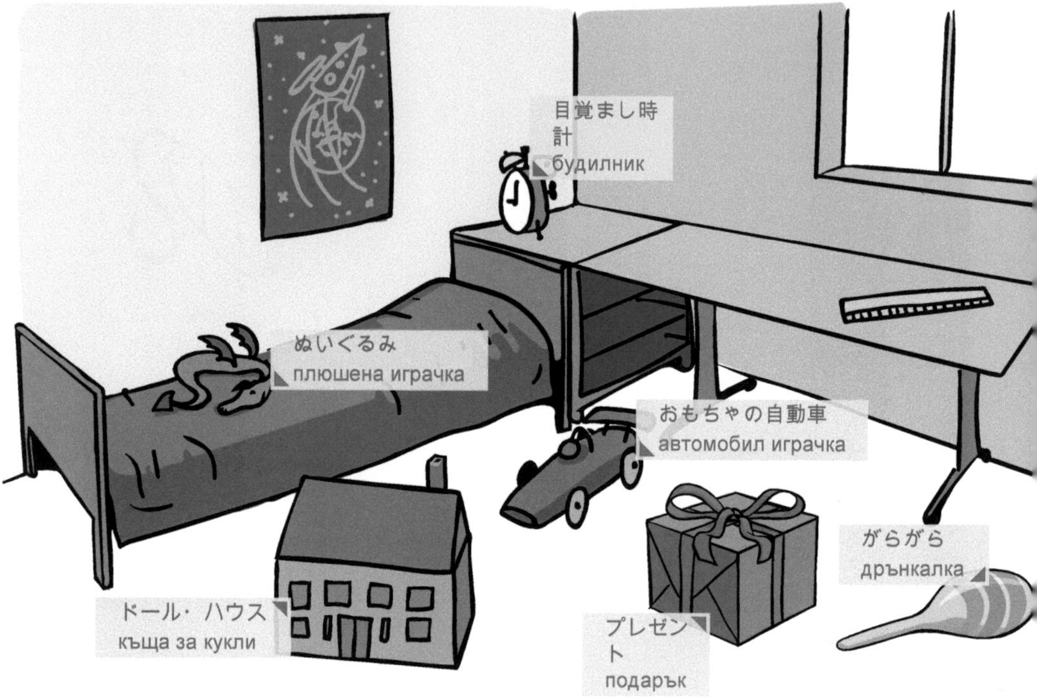

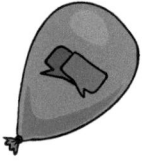

風船

балон

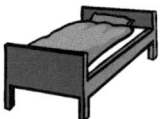

ベッド

легло

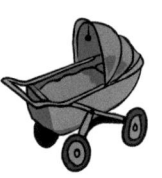

ベビーカー

детска количка

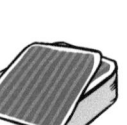

カードゲーム

игра на карти

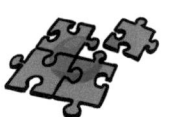

ジグソーパズル

пъзел

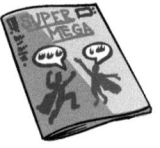

漫画

комикс

レゴ

лего елементи

玩具ブロック

строителни елементи

アクションフィギュア

екшън фигурка

ロンパース

бебешки гащеризон

フリスビー

фрисби

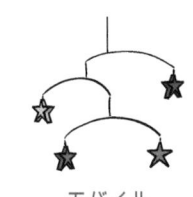

モバイル

бебешки играчки за легло

ボードゲーム

настолна игра

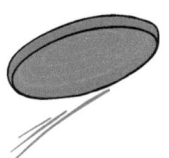

さいころ

зарче

鉄道模型

миниатюрно влакче

おしゃぶり

биберон

パーティー

парти

絵本

детска книга с илюстрации

ボール

топка

人形

кукла

遊ぶ

играя

砂場

пясъчник

ブランコ

люлка

おもちゃ

играчка

ゲーム機

игрова конзола

三輪車

велосипед с три колелета

テディベア

плюшено мече

衣装ダンス

гардероб

衣服

облекло

靴下

къси чорапи

ストッキング

дълги чорапи

タイツ

чорапогащник

スカーフ
шал

雨傘
чадър

Tシャツ
Т-шърт

ベルト
колан

ブーツ
ботуши

スリッパ
пантофи

スニーカー
гуменки

サンダル	靴	ゴム長靴
сандали	обувки	гумени ботуши

パンツ	ブラ	ベスト
слип	сутиен	долна блуза

衣服 - облекло

45

ボディースーツ

боди

ズボン

панталон

ジーンズ

дънки

スカート

пола

ブラウス

блуза

シャツ

риза

セーター

пуловер

パーカー

суичър

ブレザー

блейзър

ジャケット

яке

コート

палто

レインコート

дъждобран

服装

костюм

ドレス

рокля

ウェディングドレス

булчинска рокля

衣服 - облекло

スーツ

костюм

ナイトガウン

нощница

パジャマ

пижама

サリー

сари

ヘッドスカーフ

кърпа за глава

ターバン

тюрбан

ブルカ

бурка

カフタン

кафтан

アバヤ

абая

水着

бански костюм

トランクス

плувни шорти

半ズボン

къс панталон

スウェットスーツ

анцуг

エプロン

престилка

手袋

ръкавици

ボタン

копче

メガネ

очила

ブレスレット

гривна

ネックレス

верижка

指輪

пръстен

イヤリング

обеца

帽子

каскет

ハンガー

закачалка

帽子

шапка

ネクタイ

вратовръзка

ファスナー

цип

ヘルメット

каска

サスペンダー

тиранти

制服

ученическа униформа

ユニフォーム

униформа

衣服 - облекло

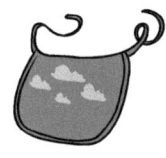

よだれかけ

лигавник

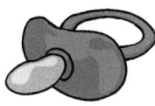

おしゃぶり

биберон

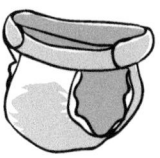

おむつ

пелена

オフィス

офис

サーバ
сървър
書類キャビネット
шкаф за документи
プリンター
принтер
紙
хартия
モニター
монитор
マウス
мишка
事務机
бюро
フォルダー
папка
キーボード
клавиатура
椅子
стол
ごみ箱
кошче за хартиени отпадъци
コンピューター
компютър

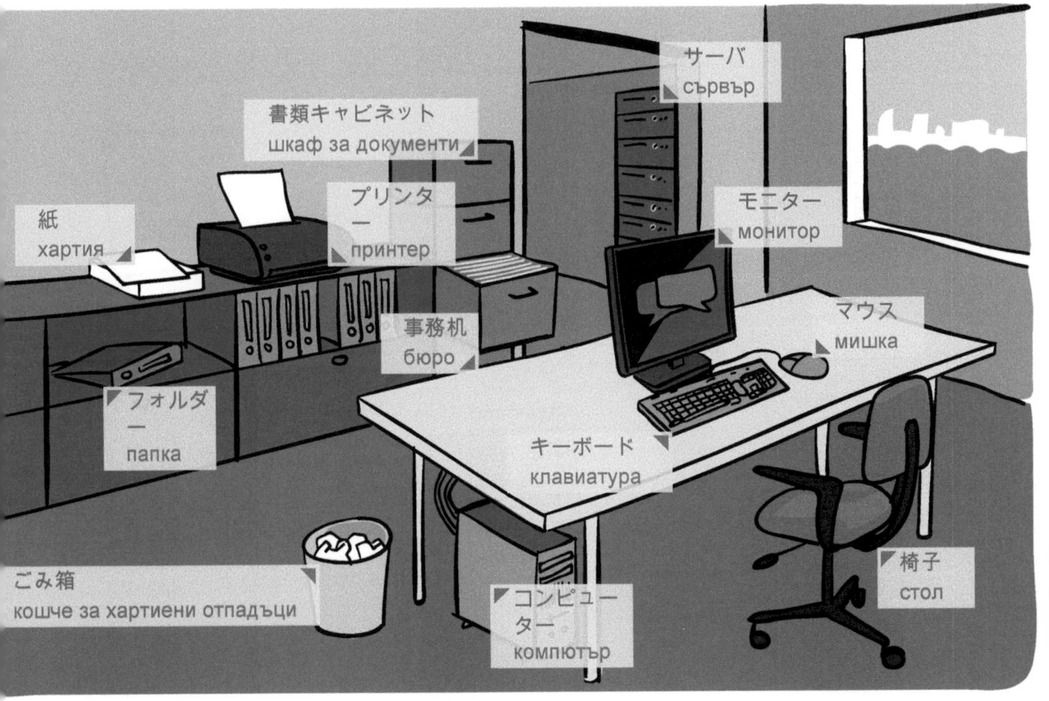

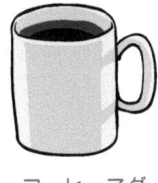

コーヒーマグ

чаша за кафе

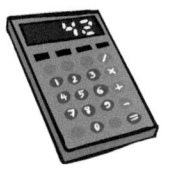

計算機

джобен калкулатор

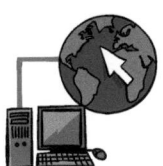

インターネット

интернет

ラップトップ

лаптоп

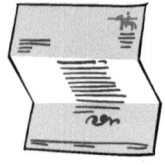

手紙

писмо

メッセージ

съобщение

携帯電話

мобилен телефон

ネットワーク

мрежа

コピー機

ксерокс

ソフトウェア

софтуер

電話

телефон

コンセント

контакт

ファックス

факс

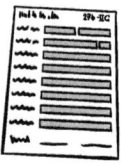

フォーム

формуляр

書類

документ

買う

купувам

支払う

плащам

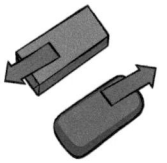

取引する

търгувам

お金

пари

 **USD**

ドル

долар

 **EUR**

ユーロ

евро

 **JPY**

円

йена

 **RUB**

ルーブル

рубла

 **CHF**

スイスフラン

швейцарски франк

 **CNY**

人民元

ренминби юан

 **INR**

ルピー

рупия

キャッシュポイント

банкомат

両替所

обменно бюро

金

злато

銀

сребро

油

нефт

エネルギー

енергия

価格

цена

契約

договор

税金

данък

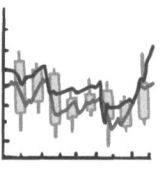

株

акция

働く

работя

従業員

служител

雇用主

работодател

工場

фабрика

ショップ

магазин за цветя

職業

професии

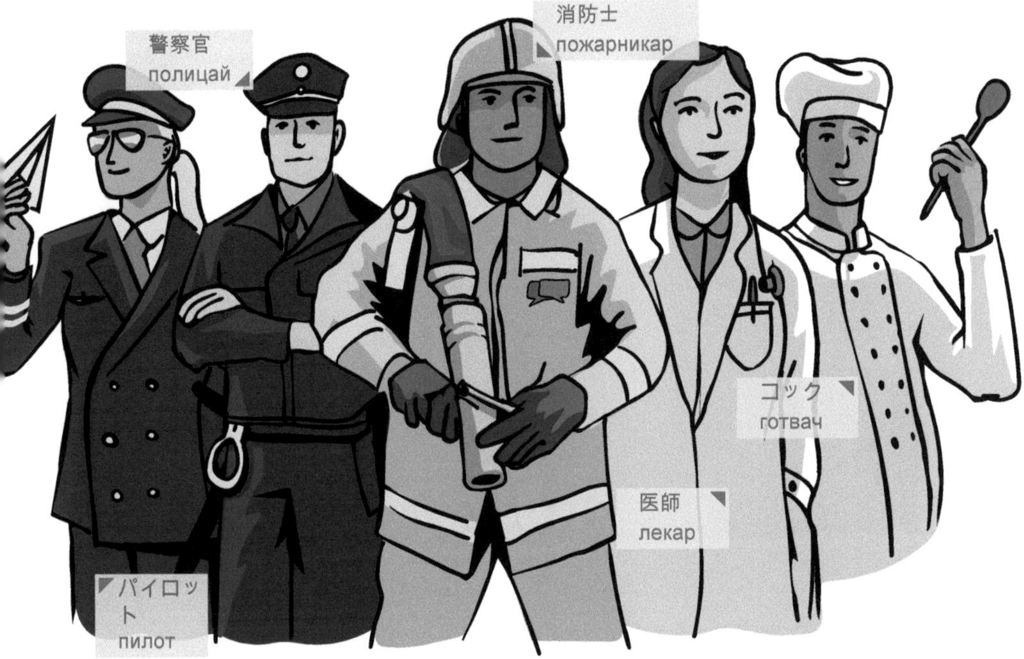

警察官
полицай
消防士
пожарникар
コック
готвач
医師
лекар
パイロット
пилот

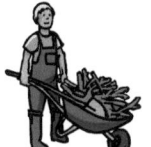

庭師

градинар

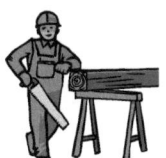

大工

мебелист

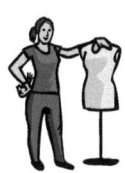

お針子

шивачка

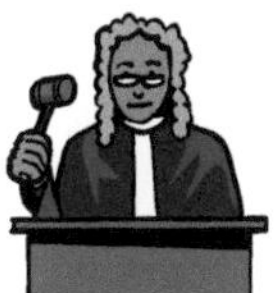

裁判官

съдия

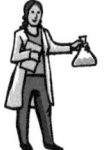

化学者

химик

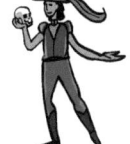

俳優

артист

バスの運転手

шофьор на автобус

タクシー運転手

шофьор на такси

漁師

рибар

掃除婦

чистачка

屋根ふき職人

майстор на покриви

ウェイター

келнер

ハンター

ловец

塗装工

художник

パン屋

хлебар

電気工

електротехник

建設作業員

строителен работник

エンジニア

инженер

肉屋

касапин

配管工

тенекеджия

郵便配達人

пощальон

軍人

войник

建築家

архитект

レジ係

касиер

花屋

цветар

美容師

фризьор

車掌

кондуктор

機械工

механик

キャプテン

капитан

歯科医

зъболекар

科学者

научен работник

ラビ

равин

イスラム導師

имàм

修道士

монах

牧師

свещеник

道具

инструменти

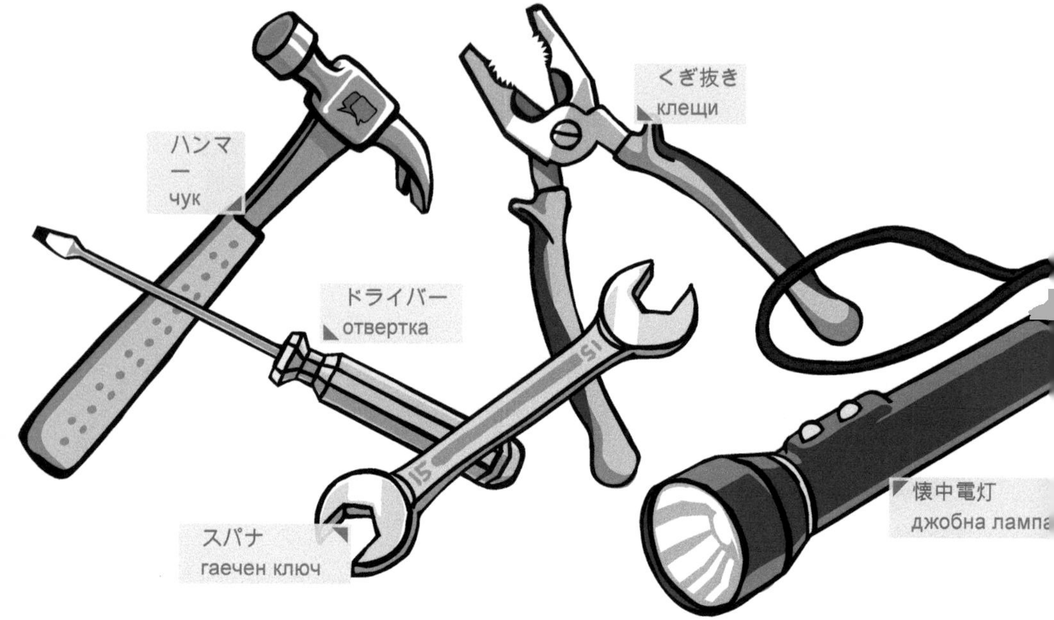

ハンマ
ー
чук
くぎ抜き
клещи
ドライバー
отвертка
スパナ
гаечен ключ
懐中電灯
джобна лампа

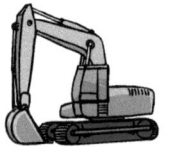

掘削機

багер

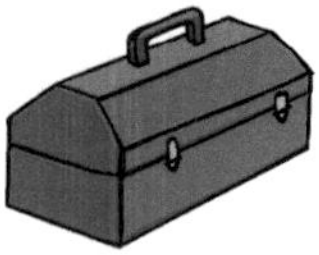

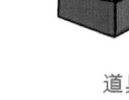

道具箱

кутия за инструменти

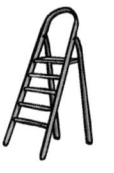

はしご

стълба

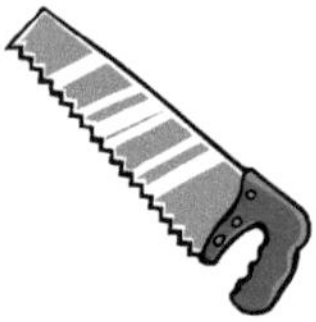

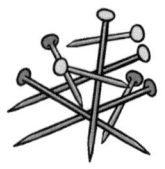

のこぎり

трион

釘

пирони

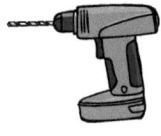

ドリル

бормашина

修理する

ремонтирам

シャベル

лопата

クソ！

По дяволите!

ちりとり

лопатка за смет

ペンキ缶

кутия за боя

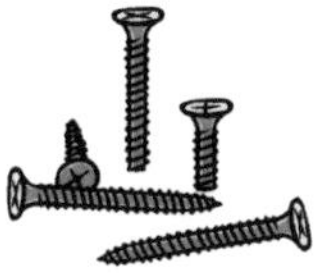

ネジ

болтове

楽器

музикални инструменти

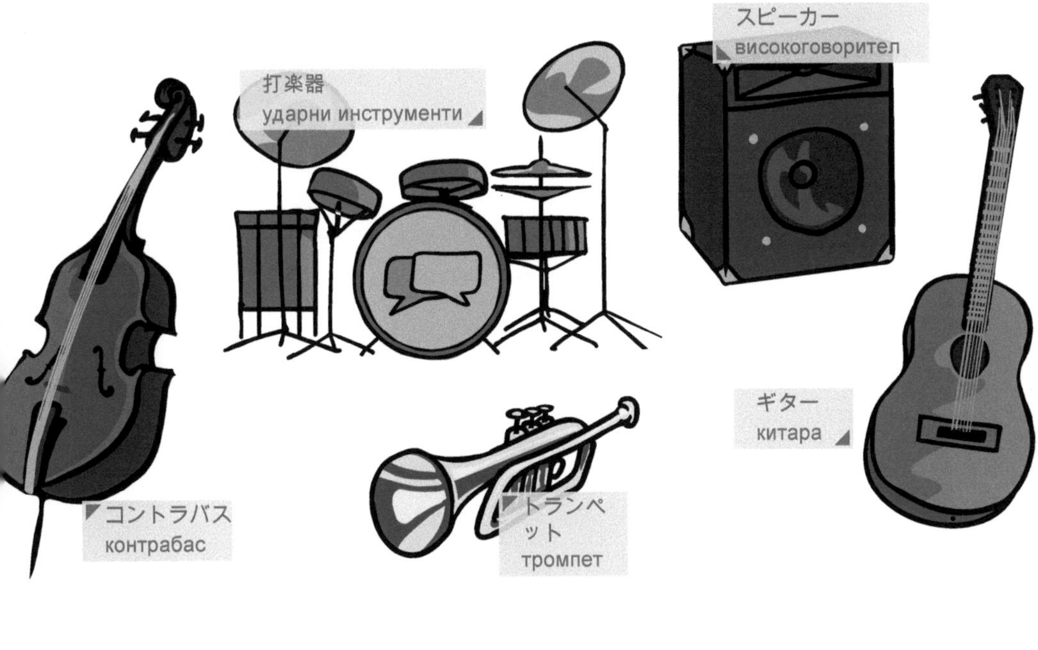

打楽器
ударни инструменти

スピーカー
високоговорител

ギター
китара

コントラバス
контрабас

トランペット
тромпет

ピアノ

пиано

バイオリン

виолина

バス

контрабас

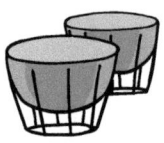

ティンパニ

тимпан

ドラム

барабан

キーボード

електрическо пиано

サックス

саксофон

フルート

флейта

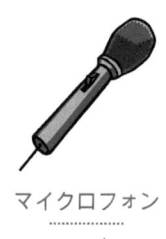

マイクロフォン

микрофон

動物園

зоологическа градина

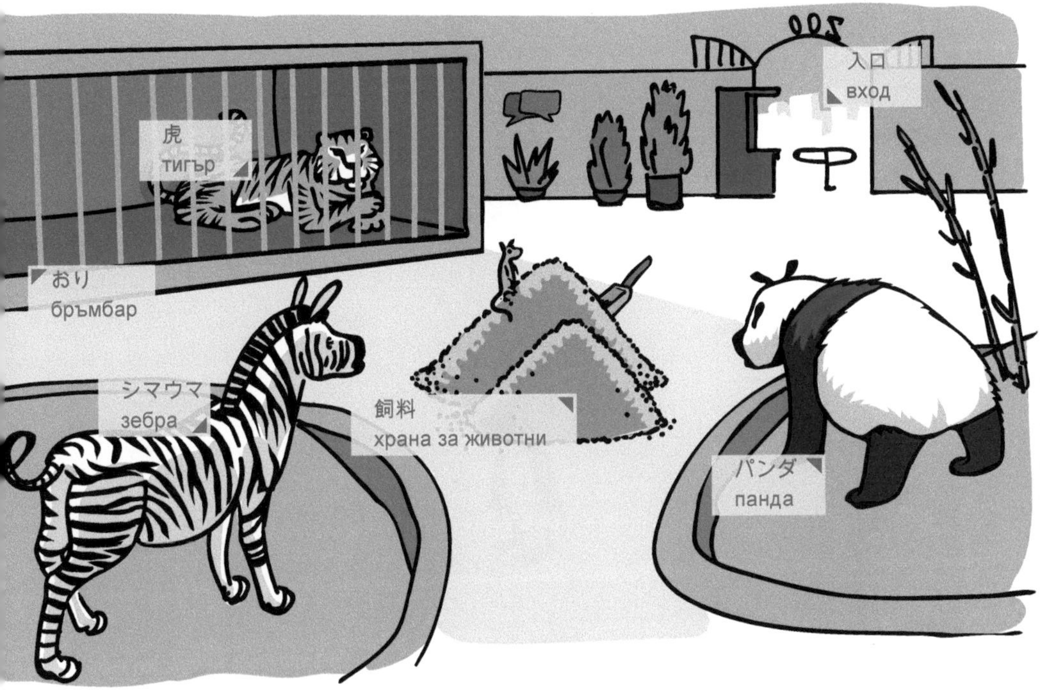

入口
вход
虎
тигър
おり
бръмбар
シマウマ
зебра
飼料
храна за животни
パンダ
панда

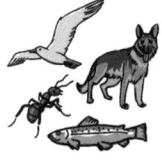

動物

животни

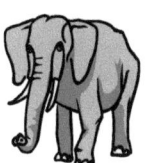

象

слон

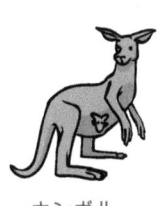

カンガルー

кенгуру

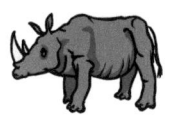

サイ

носорог

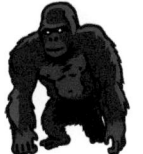

ゴリラ

горила

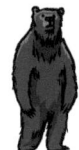

熊

мечка

ラクダ

камила

ダチョウ

щраус

ライオン

лъв

猿

маймуна

フラミンゴ

фламинго

オウム

папагал

白クマ

бяла мечка

ペンギン

пингвин

サメ

акула

クジャク

паун

蛇

змия

ワニ

крокодил

飼育係

пазач в зоологическа
градина

アザラシ

тюлен

ジャガー

ягуар

ポニー

пони

ヒョウ

леопард

カバ

хипопотам

キリン

жираф

鷲

орел

雄豚

диво прасе

魚

риба

亀

костенурка

セイウチ

морж

狐

лисица

ガゼル

газела

アメフト
американски футбол

サイクリング
колоездене

テニス
тенис

バスケットボール
баскетбол

水泳
плуване

ボクシング
бокс

アイスホッケー
хокей на лед

サッカー

футбол

バドミントン

бадминтон

陸上競技

лека атлетика

ハンドボール

хандбал

スキー

ски бягане

ポロ

поло

活動

дейности

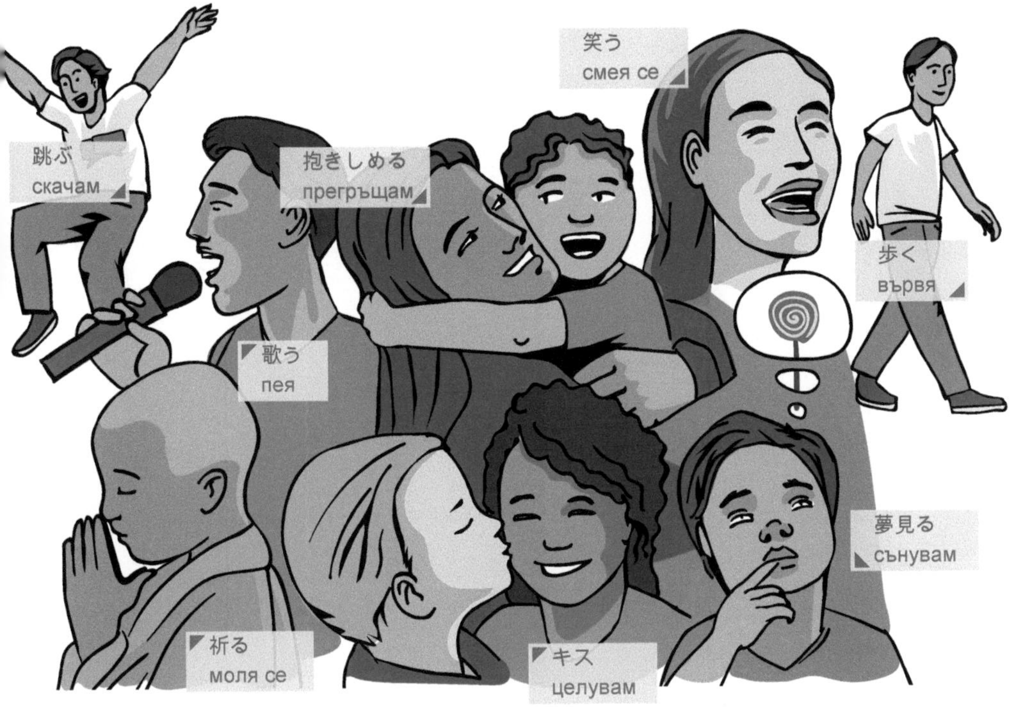

跳ぶ
скачам
抱きしめる
прегръщам
笑う
смея се
歩く
вървя
歌う
пея
夢見る
сънувам
祈る
моля се
キス
целувам

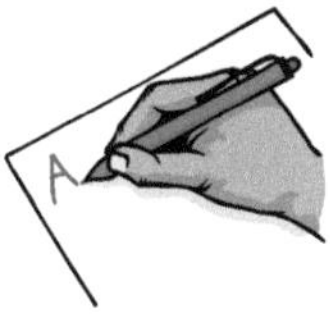

書く

пиша

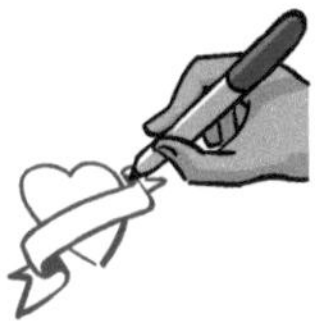

描く

рисувам

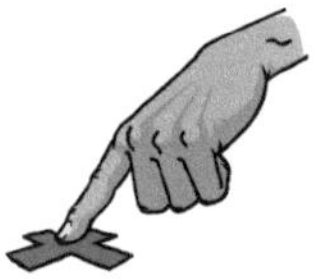

示す

показвам

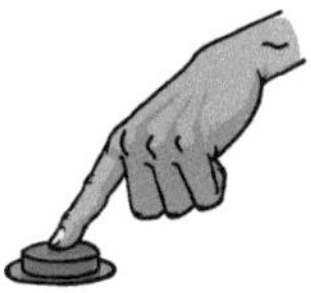

押す

бутам

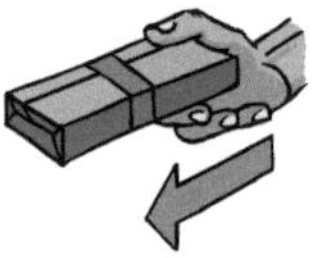

与える

давам

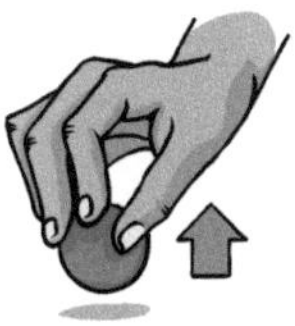

取る

взимам

持っている
....
имам

する
....
правя

ある
....
съм

立つ
....
стоя

走る
....
тичам

引く
....
дърпам

投げる
....
хвърлям

落ちる
....
падам

横たわっている
....
лежа

待つ
....
чакам

運ぶ
....
нося

座る
....
седя

着る
....
обличам

眠る
....
спя

目が覚める
....
събуждам се

見る

разглеждам

泣く

плача

なでる

милвам

櫛ですく

реша се

話す

говоря

理解する

разбирам

質問する

питам

聞く

слушам

飲む

пия

食べる

ям

片づける

разтребвам

愛する

обичам

料理する

готвя

運転する

карам автомобил

飛ぶ

летя

活動 - дейности

ヨットに乗る

плавам (с платна)

計算する

смятане

読む

чета

学ぶ

уча

働く

работя

結婚する

женя се

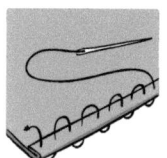

縫う

шия

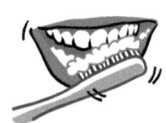

歯を磨く

измивам си зъбите

殺す

убивам

喫煙する

пуша

送る

изпращам

祖母 / баба

祖父 / дядо

父 / баща

母 / майка

赤ん坊 / бебе

娘 / дъщеря

息子 / син

お客様

посетител

おば

леля

おじ

чичо

兄弟

брат

姉妹

сестра

体

тяло

ひたい
чело
目
око
肩
рамо
指
пръст
顔
лице
あご
брадичка
手
ръка
脚
крак
胸
гърди
腕
ръка

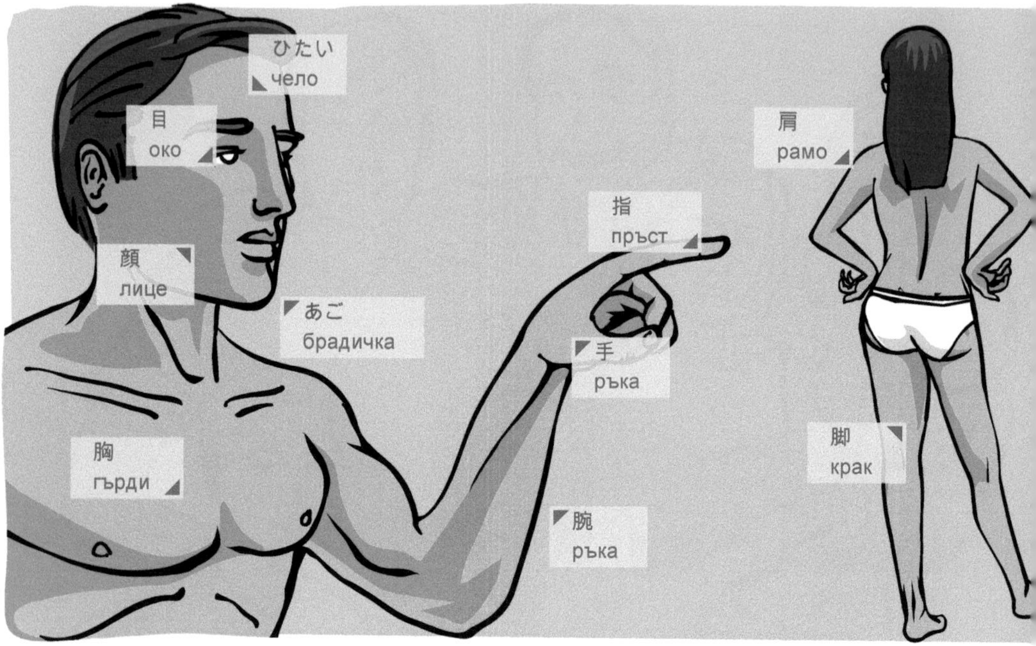

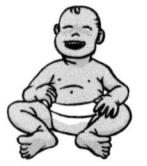

赤ん坊

бебе

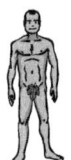

男性

мъж

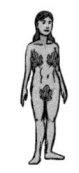

女性

жена

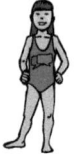

少女

момиче

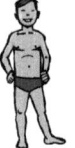

少年

момче

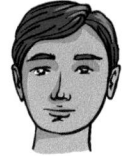

頭

глава

背中

гръб

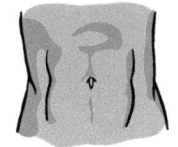

腹

корем

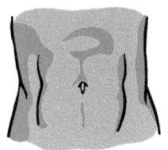

へそ

пъп

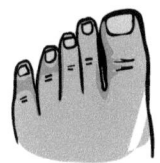

足指

пръст на крака

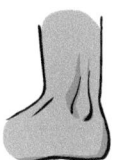

かかと

пета

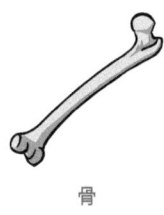

骨

кост

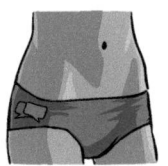

腰

хълбок

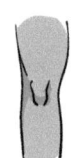

ひざ

коляно

ひじ

лакът

鼻

нос

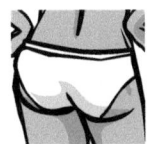

尻

седалище

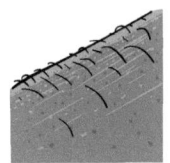

皮膚

кожа

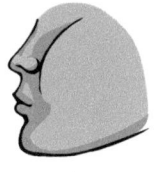

頬

буза

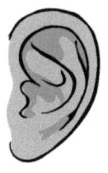

耳

ухо

唇

устна

体 - тяло

口
....
уста

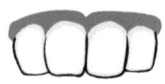

歯
....
зъб

舌
....
език

脳
....
мозък

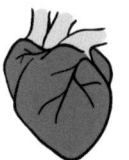

心臓
....
сърце

筋肉
....
мускул

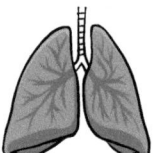

肺
....
бял дроб

肝臓
....
черен дроб

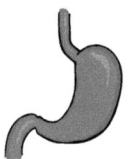

胃
....
стомах

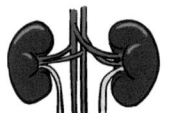

腎臓
....
бъбреци

セックス
....
полово сношение

コンドーム
....
кондом

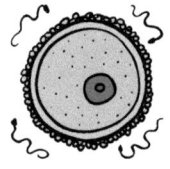

卵細胞
....
яйцеклетка

精液
....
сперма

妊娠
....
бременност

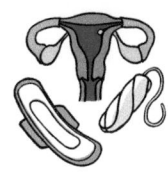

月経

менструация

膣

вагина

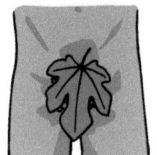

ペニス

пенис

眉

вежда

髪

коса

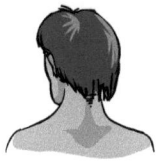

首

шия

病院
болница

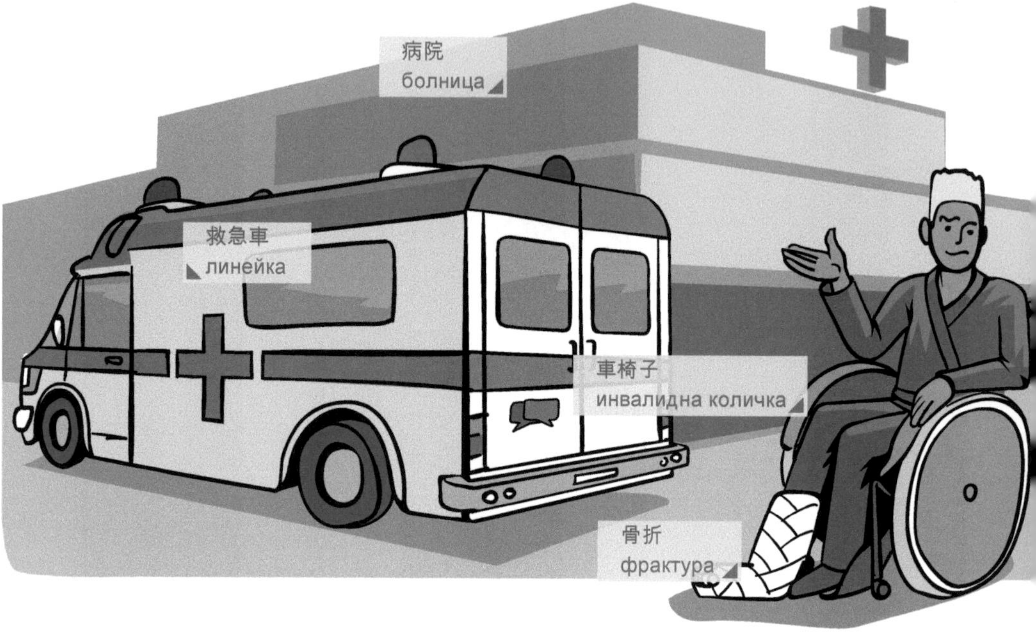

病院
болница
救急車
линейка
車椅子
инвалидна количка
骨折
фрактура

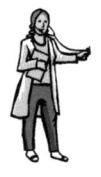

医師

лекар

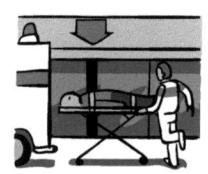

救急治療室

спешна хоспитализация

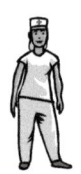

看護師

медицинска сестра

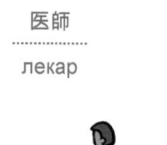

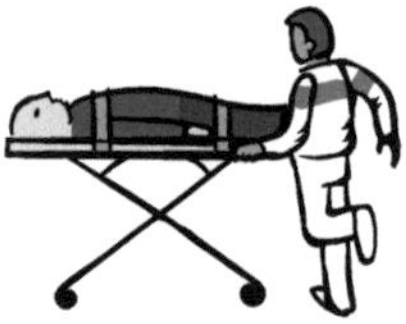

救急

спешен случай

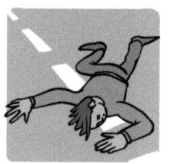

失神

в безсъзнание

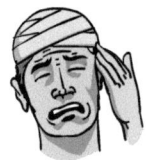

痛み

болка

けが

нараняване

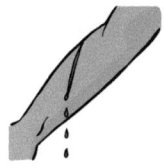

出血

кървене

心臓発作

инфаркт

脳卒中

инсулт

アレルギー

алергия

咳

кашлица

熱

температура

インフルエンザ

грип

下痢

диария

頭痛

главоболие

癌

рак

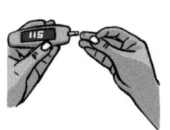

糖尿病

диабет

外科医

хирург

外科用メス

скалпел

手術

операция

病院 - болница

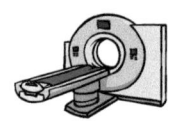

CT

компютърна томография

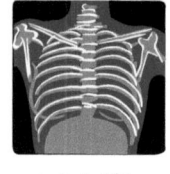

レントゲン

рентген

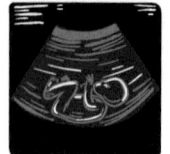

超音波

ултразвук

マスク

маска

病気

болест

待合室

чакалня

松葉づえ

патерица

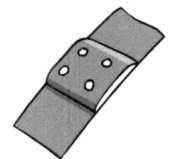

ばんそうこう

пластир

包帯

превръзка

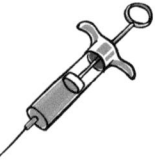

注射

инжекция

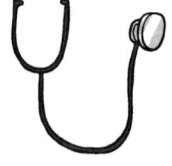

聴診器

стетоскоп

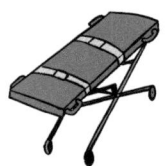

担架

носилка

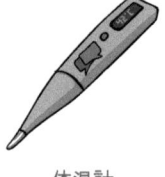

体温計

термометър

出産

раждане

肥満

наднормено тегло

補聴器

слухов апарат

消毒剤

дезинфекционно средство

感染

инфекция

ウイルス

вирус

HIV / エイズ

HIV / AIDS

内服薬

медицина

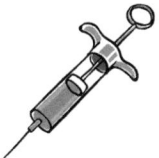

予防接種

ваксинация

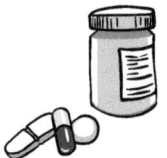

錠剤

таблети

ピル

противозачатъчна
таблетка

緊急電話

спешно телефонно
обаждане

血圧計

апарат за измерване на
кръвното налягане

病気の / 健康な

болен / здрав

病院 - болница

助けて！

Помощ!

アラーム

сигнал за тревога

暴行

нападение

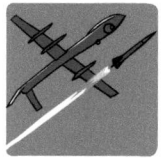

攻撃

атака

危険

опасност

非常口

авариен изход

火事だ！

Пожар!

消火器

пожарогасител

事故

злополука

救急箱

комплект за оказване на
първа помощ

SOS

SOS

警察

полиция

ヨーロッパ
Европа

北米
Северна Америка

南米
Южна Америка

アフリカ
Африка

アジア
Азия

オーストラリア
Австралия

大西洋
Атлантически океан

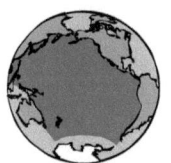

太平洋
Тихи океан

インド洋
Индийски океан

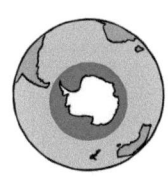

南極海
Южен ледовит океан

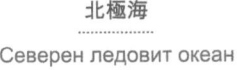

北極海
Северен ледовит океан

北極
Северен полюс

南極
Южен полюс

南極大陸
Антарктида

地球
Земя

陸
суша

海
море

島
остров

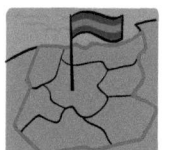

国家
нация

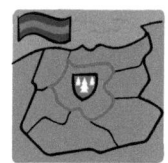

国家
държава

地球 - Земя

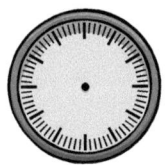

文字盤

циферблат

短針

стрелка на часовете

長針

стрелка на минутите

秒針

стрелка на секундите

何時ですか？

Колко е часът?

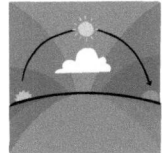

日

ден

時間

време

現在

сега

デジタル時計

дигитален часовник

分

минута

時間

час

月曜 понеделник	水曜 сряда	金曜 петък
火曜 вторник	木曜 четвъртък	土曜 събота
		日曜 неделя

昨日
вчера

今日
днес

明日
утре

朝
сутрин

昼
обед

夜
вечер

営業日
работни дни

週末
уикенд

年

година

雨
дъжд
虹
дъга
雪
сняг
風
вятър
春
пролет
秋
есен
夏
лято
冬
зима

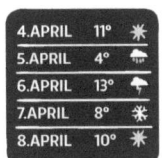

4.APRIL 11°
5.APRIL 4°
6.APRIL 13°
7.APRIL 8°
8.APRIL 10°

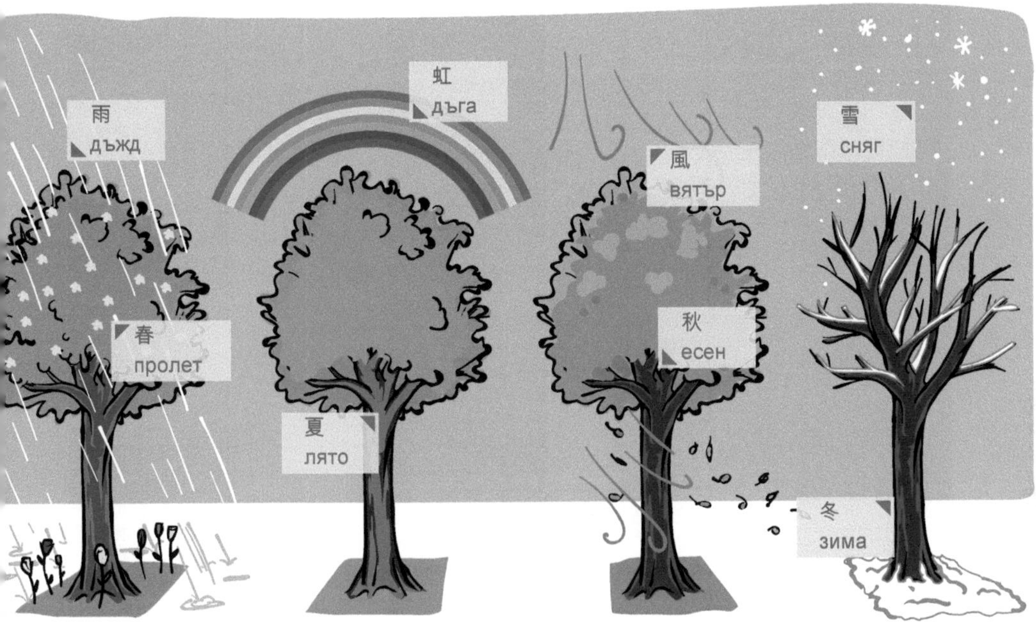

天気予報

прогноза за времето

F
C
120
90
60
30
0
-30
40
30
20
10
0
-10
-20

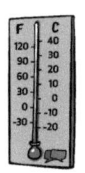

温度計

термометър

日差し

слънчева светлина

雲

облак

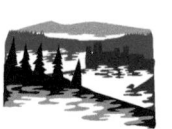

霧

мъгла

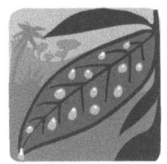

湿度

влажност на въздуха

雷

светкавица

雷

гръмотевица

嵐

буря

ひょう

градушка

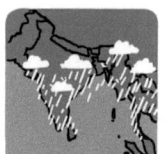

季節風

мусон

洪水

наводнение

氷

лед

1月

януари

2月

февруари

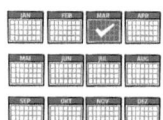

3月

март

4月

април

5月

май

6月

юни

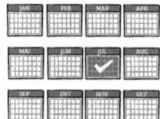

7月

юли

8月

август

年 - година

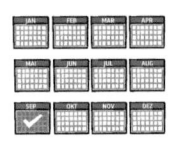

9月
....
септември

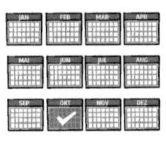

10月
....
октомври

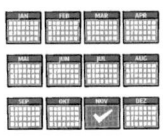

11月
....
ноември

12月
....
декември

形

форми

円
....
кръг

正方形
....
квадрат

長方形
....
четириъгълник

三角
....
триъгълник

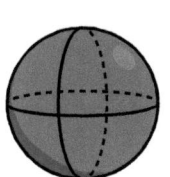

球
....
сфера

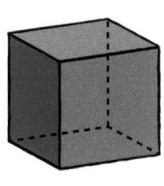

立方体
....
куб

白
....
бял

黄
....
жълт

オレンジ
....
оранжев

ピンク
....
розов

赤
....
червен

紫
....
лилав

青
....
син

緑
....
зелен

茶
....
кафяв

灰色
....
сив

黒
....
черен

多い / 少ない

много / малко

怒っている /
落ち着いている
ядосан / спокоен

美しい / 醜い

красив / грозен

初め / 終わり

начало / край

大きい / 小さい

голям / малък

明るい / 暗い

светъл / тъмен

兄弟 / 姉妹

брат / сестра

清潔な / 汚い

чист / мръсен

完全な / 不完全な

пълен / непълен

日中 / 夜

ден / нощ

死んだ / 生きている

мъртъв / жив

幅広い / 狭い

широк / тесен

食べられる ／
食べられない
ядлив / неядлив

悪意のある ／ 親切な
сърдит / любезен

興奮している ／
退屈している
развълнуван / скучаещ

太った ／ 痩せた
дебел / тънък

最初に ／ 最後に
най-напред / най-накрая

友人 ／ 敵
приятел / враг

いっぱいの ／ 空の
пълен / празен

硬い ／ 柔らかい
твърд / мек

重い ／ 軽い
тежък / лек

空腹 ／ 喉の渇き
глад / жажда

病気の ／ 健康な
болен / здрав

違法な ／ 合法な
нелегален / легален

賢い ／ 愚かな
интелигентен / глупав

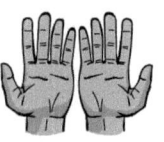

左に ／ 右に
ляво / дясно

近い ／ 遠い
близо / далече

反対 - противоположности

新しい　/　中古の

нов / употребяван

何もない　/　何かある

нищо / нещо

老いた　/　若い

стар / млад

オン　/　オフ

вкл. / изкл.

開いている　/
閉まっている

отворен / затворен

静かな　/　うるさい

тих / силен (звук)

裕福な　/　貧乏な

богат / беден

正しい　/　間違っている

правилен / погрешен

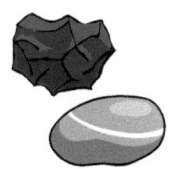

粗い / なめらか

грапав / гладък

悲しい　/　幸せな

тъжен / щастлив

短い　/　長い

дълъг / къс

ゆっくり　/　速い

бавен / бърз

濡れた　/　乾いた

мокър / сух

温かい　/　冷たい

топъл / студен

戦争　/　平和

война / мир

0

ゼロ

нула

1

1

едно

2

2

две

3

3

три

4

4

четири

5

5

пет

6

6

шест

7

7

седем

8

8

осем

9

9

девет

10

10

десет

11

11

единадесет

12

12

дванадесет

13

13

тринадесет

14

14

четиринадесет

15

15

петнадесет

16

16

шестнадесет

17

17

седемнадесет

18

18

осемнадесет

19

19

деветнадесет

20

20

двадесет

100

100

сто

1.000

1000

хиляда

1.000.000

100万

милион

英語

англйски

アメリカ英語

американски английски

中国標準語

китайски мандарин

ヒンディー語

хинди

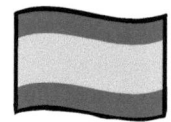

スペイン語

испански

フランス語

френски

アラビア語

арабски

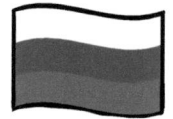

ロシア語

руски

ポルトガル語

португалски

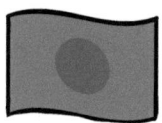

ベンガル語

бенгалски

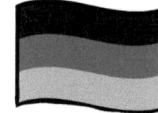

ドイツ語

немски

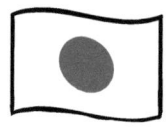

日本語

японски

私

аз

あなた

ти

彼 / 彼女 / それ

той / тя / то

私たち

ние

あなたたち

вие

彼ら

те

誰？

кой?

何？

какво?

どうやって？

как?

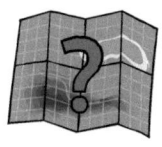

どこ？

къде?

いつ？

кога?

名前

име

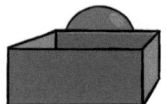

後ろ

зад

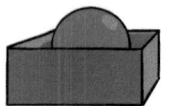

中

в

前

пред

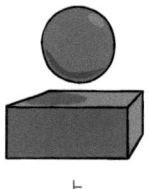

上

над

上

върху

下

под

横

до

間

между

場所

място